VEJA BEM!
Um novo olhar sobre os opostos

Susan Hood
Ilustrações Jay Fleck

Tradução
Cláudia Ribeiro Mesquita

Título original em inglês:
Double Take! A New Look at Opposites
© Susan Hood (texto), 2017
© Jay Fleck (ilustrações), 2017

Publicado por acordo com Walker Books Limited,
Londres, SE11 5HJ
Todos os direitos reservados

Coordenação editorial: *Graziela Ribeiro dos Santos*
Preparação: *Olívia Lima*
Revisão: *Carla Mello Moreira*

Edição de arte: *Rita M. da Costa Aguiar*
Impressão: C&C

Dados Internacionais de Catalogação na Publicação (CIP)
(Câmara Brasileira do Livro, SP, Brasil)

Hood, Susan
  Veja bem! : um novo olhar sobre os opostos /
Susan Hood ; ilustrações Jay Fleck ; tradução
Cláudia Ribeiro Mesquita. — São Paulo : Edições SM,
2019. — (Carretel)

  Título original: Double Take! A New Look at
Opposites.
  ISBN 978-85-418-2633-4

  1. Literatura infantojuvenil 2. Opostos -
Literatura infantojuvenil I. Fleck, Jay.
II. Título. III. Série.

19-31018   CDD-028.5

Índices para catálogo sistemático:

1. Opostos : Literatura infantil 028.5
2. Opostos : Literatura infantojuvenil 028.5

Maria Alice Ferreira - Bibliotecária - CRB-8/7964

1ª edição março de 2020
2ª impressão 2024

Todos os direitos reservados à
SM EDUCAÇÃO
Avenida Paulista 1842 – 18°Andar,
cj. 185, 186 e 187 – Cetenco Plaza
Bela Vista 01310-945 São Paulo SP Brasil
Tel. (11) 2111-7400
atendimento@grupo-sm.com
www.smeducacao.com.br

FONTE: MINION E GOTHAM
PAPEL: CHINESE GOLD SUN
WOODFREE FSC GRADE

PARA EMILY E PETER, AS DUAS METADES DE UM CORAÇÃO,
PARA O QUE DER E VIER.
S.H.

PARA SUZANNE,
AUDREY E OWEN, COM AMOR.
J.F.

VOCÊ JÁ OUVIU
FALAR DE OPOSTOS?
SIM OU **NÃO**?

SE EU DIGO **PARE**,
VOCÊ DIZ **SIGA**.

SE EU DIGO **ESQUERDA**,

DENTRO?

FORA!

ALGUNS SÃO MAIS SIMPLES, PLANOS,

COMO O **DIA**...

E A **NOITE**.

MAS NADA É TÃO **PRETO** NO **BRANCO**
QUANDO DE OPOSTOS FALAMOS.

AS NUVENS ESTÃO
NA ALTURA DO **CÉU**?

OU SÓ QUANDO
AS VEMOS DO **CHÃO**?

A TARTARUGA É **LENTA** DE DAR DÓ.

SE COMPARADA AO CARACOL...
É ***RÁPIDA*** QUE SÓ!

A IDEIA É DIVERTIDA E FÁCIL DE PEGAR,
MAS VEJA COMO UMA AÇÃO PODE TUDO MUDAR.

QUEM ESTÁ **PERTO**, QUEM ESTÁ **LONGE**,

É SIMPLES OBSERVAR.

PORÉM...

O **PERTO** PASSA A SER **LONGE**

SE PARA MAIS **PERTO** O **LONGE** VOAR?

QUEM É **FORTE**?

QUEM É **FRACO**?
PRESTE MUITA ATENÇÃO!

VEJA COMO O **FORTE** PODE SER FRACO DIANTE DE UM **novo campeão**!

O PONTO DE VISTA
(ONDE VOCÊ ESTÁ)
AFETA O QUE VOCÊ VÊ.
CHEGUE MAIS PERTO,
CHEGUE PRA LÁ, QUE
OUTRA IMAGEM
VAI APARECER!

O DESENHO FORMADO POR PONTOS E TRAÇOS...

VIRA OUTRA COISA RECUANDO DOIS PASSOS.

CADA UM NA FILA VAI VER DIFERENTE.

VAI DEPENDER DE QUEM QUISER SABER.

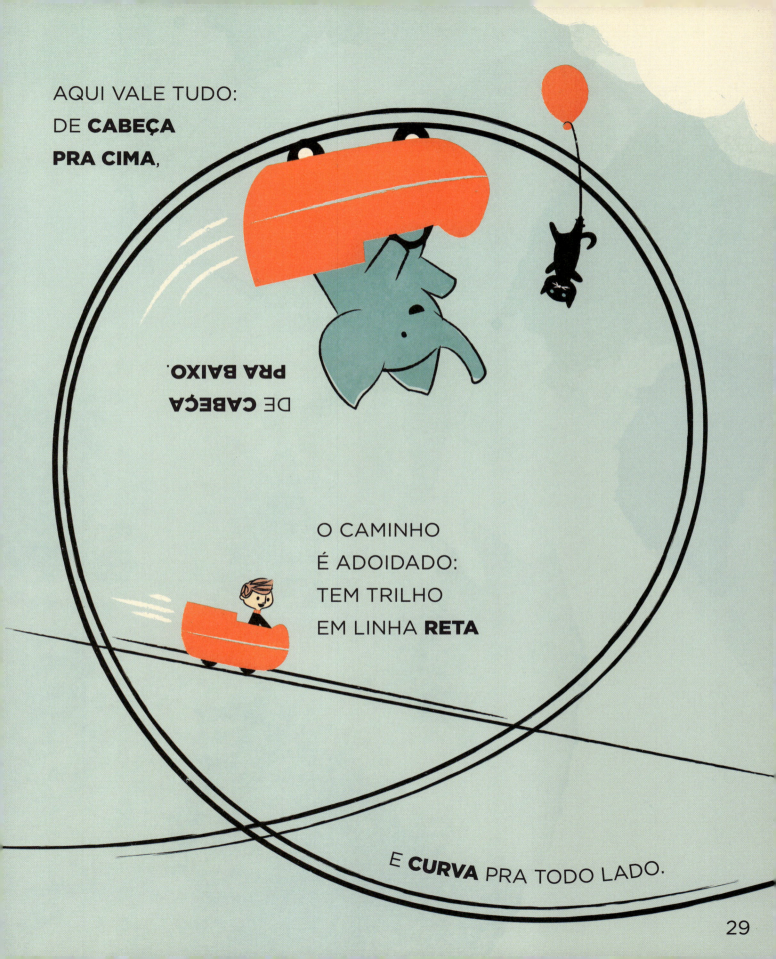

AQUI VALE TUDO: DE **CABEÇA PRA CIMA**,

DE **CABEÇA PRA BAIXO**.

O CAMINHO É ADOIDADO: TEM TRILHO EM LINHA **RETA**

E **CURVA** PRA TODO LADO.

UM OLHAR ATENTO, UMA NOVA DIREÇÃO,
LEVA VOCÊ A IMAGINAR, REFLETIR, INVESTIGAR.
E, QUEM SABE, COM ADMIRAÇÃO...